마술 상점

시인수첩 시인선 043

김신영 시집

여우난골

| 시인의 말 |

    마술 상점은 마음을 치유하는 기제다. 자신의 버리고 싶은 마음을 주고, 갖고 싶은 마음을 가져오는 놀이 기법이다. 골목이 마술 상점이다. 더 이상 갈 곳 없는 사람들이 마음을 열고 찾아드는 곳에서 명랑하게 건반을 두드리고 있다. 시와 시인 또한 마술 상점이다. 시에 자신의 아픈 마음을 내어주고 참된 깨달음의 시를 얻는다. 시를 통해 마음을 정갈하게 빨래하고 햇볕에 말린다. 그러면 정화되고 승화된 정신이 보다 밝은 세상을 시에 담아낸다. 시인 자신은 물론 사람을 치유하는 詩가 탄생한다.

| 차례 |

시인의 말 · 5

1부 | 마술 상점

별등을 달다 —점등인의 사명 · 14

마술 상점 —진열대에서 · 16

만물상회 —마술 상점 2 · 18

심장을 팝니다 —마술 상점 3 · 20

구름다리 건너 —마술 상점 4 · 22

전하지 못한 말 —마술 상점 5 · 24

이젠 울지 마세요 —마술 상점 6 · 26

여기는 마술 상점입니다 —마술 상점 7 · 28

2부 | 언어 레시피

만첩 도화 · 32

달그락 · 34

봄에게 미안하다 · 36

아직 이월 · 38

집에서, 나가는 봄 · 40

그때가 세상은 봄이다 · 42

3부 | 순이의 천년

순이의 천년—비자림에서 · 46

새해, 환희역(歡喜驛) · 48

헬리콥터 · 50

담뱃불 전수조사 · 52

거울 속의 점 · 54

구석 · 56

비상벨 · 58

상한 갈대 · 60

땀이 한 섬이던 저녁 · 62

당신의 신탁 · 64

씀바귀, 끊임없이 쓰다 —신산하고 빈한하던 어머니의 영전에 쓰다 · 66

해저에서 · 68

사과를 물고 · 70

4부 | 하루를 탁발하는 고행자

하루를 탁발하는 고행자 · 74

무지개는 오크를 세고 · 76

자국꽃 · 78

말더듬이 · 80

격잠 · 82

신념에 부는 연풍 —겨울의 문장 · 84

백골이 진토되어 · 87

쓸개를 꺼내고 · 90

백비 · 92

파랑(波浪) 앞에 · 94

그, 마음의 골목 · 96

바람 없는 골목 · 98

껌딱지 · 100

기억의 방 · 102

5부 | 어리여치

건반이 궁금해지는 저녁 · 106

북풍 너머 꽃다지 · 108

모세, 지팡이 길 · 110

지독한 기술 · 112

어리여치 · 114

저녁이 되면 · 116

드래그 · 118

호박씨 · 120

밀짚 수밀도(水蜜桃) · 121

기침 바다 · 122

배롱에 깃들어 · 124

별과 함께 · 126

스티커를 떼다가 · 128

시계방 · 130

볏 시울 · 132

해설 | 이승하(시인·중앙대 교수)
마술 상점에서 시인은 무엇을 할 수 있는가? · 133

1부
마술 상점

별등을 달다
― 점등인의 사명

하늘에 별등을 달고
영혼에 별등을 다는
하나님의 창에도 환한 등을 다는
모든 마음에 별등을 다는 일이
천직인 착한 시인

오늘을 점등하러 골목을 나선다
사람마다 난삽한 영혼의 지도
어둠마다 맑은 별등을 달고

자전거를 몰아
집으로 돌아오는 신새벽
그대의 마음 창가에도
등이 반짝거리는지 올려다본다

사람들 가슴에 한 빛, 별을 켜는 일
그 천직으로 고된 하루를 보내고
공원을 돌아 나오면

유엔 성냥으로 확 그어지는 불꽃
미욱한 가슴이 조금씩 환해진다

반짝이는 별을 간직한
라디오 진행자가
점등하는 모든 시인에게
감사 인사를 보내고
나도 그에게 목례를 한다

마술 상점
- 진열대에서

손님이 성공을 집어 듭니다
당신의 것 하나를 내려놓으시지요
깊은 가슴에서 꺼낸
실패를 서너 개 내려놓는 당신
성공은 좀 비쌉니다
하나 더 내려놓으시지요
당신은 곰곰 생각하네요
불평을 내려놓으며 한참을 서 있는 당신

다시 진열대에 서성입니다
자신감을 집어 들고 계산대로 옵니다
무엇을 내려놓으시겠습니까
역시, 열등감을 두세 개 꺼내 놓습니다
그리고 다시 종종걸음으로 달려갑니다
잊은 게 있어요, 이건 꼭 사야 하는데 하면서

빛나는 아름다움을 집어 들고 옵니다
무엇을 내려놓으시겠습니까

당신은 추함을 내려놓으시는 군요

마술 상점에 잘 오셨습니다
모두 바꾸어 드리겠습니다
생각보다 과한 마술이 마음에 걸립니다만
하나 남김없이 당신이 바라는 것으로
다 바꾸어 드리겠습니다
감당하실 수 있겠습니까
그러자 당신은 고개를 주억거리며
욕심을 내려놓습니다

다시 당신은 부지런을 집어 들고는
한참을 생각하고 있네요
그렇게 어리석음을 내려놓고 깊이 앉아 있다가
구석진 게으름도 내려놓습니다

만물상회
— 마술 상점 2

우리 상점에 오세요
없는게 없죠
당신이 애지중지하던 스카프
잃어버려 찾지 못하던 반지
전당포에 맡기고 못 찾아온 시계
강을 건너다 빠뜨린 손수건
어머니가 잃어버린 참빗
애기들이 흔들다 놓친 왕방울
모두 여기에 있답니다

참,
당신이 제일 궁금해하는
유년의 해맑은 기억
첫사랑의 연인
그리운 어머니
먼저 간 친구들까지
모두 여기에 있어요
얼른 오세요

여기에 다 있어요

심장을 팝니다
— 마술 상점 3

싱싱한 심장을 팝니다
멈춰버린 심장 대신에
펄펄 뛰는 새 심장을 사세요

당신의 젊음을 팝니다
늙어버린 시간을 던져 버리고
젊었던 시절을 사가세요

당신의 웃음도 팝니다
잊었던 웃음이 여기 있습니다

겁내지 마세요
비싸지 않아요
하나도 남기지 않고
모두 돌려 드릴게요

당신이 원하는 인생
다 돌려 드릴게요

어서 오세요
다 떨어지기 전에
당신이 가져가지 않으면
누군가 사갈 거예요

누구나 아픈 심장을 내어놓고
새 심장으로 바꾸어 가지요
게으른 이름은 내려놓고
새 이름을 가져갑니다
얼른 오세요
수리수리 마수리 얍얍!

구름다리 건너
— 마술 상점 4

어디로 가시나요
저희 상점에 한 번 오시죠
당신이 스쳐간 아쉬운 세월이
아직 여기에 있답니다
당신이 지나친 베아트리체도 있고
그토록 애타하는 캣츠비도 있지요
다 잊었다구요?
아닐 걸요

심장 깊은 곳에 숨겨 놓은 그 사람이
저기서 기다리고 있어요
구름다리 하나만 건너면 됩니다
멀리 가지 않아도 돼요
기워 신은 양말은 벗어던지고
새 양말로 바꾸어 신으세요
세상이 참 좋아졌다니까요

놓치면 후회할 거예요

다시없는 기회죠

오늘이 지나면
사라지거든요
내일은 없어요
오늘만 있지요

당신이 지금 여기에 있듯이
오늘까지만

전하지 못한 말
— 마술 상점 5

당신은 아무래도 걱정이 많으시군요
당신 걱정이 마술 상점에서는
단 한 번 만에 기쁨으로 바뀝니다

마술 상점에서는
아직도 빌지 못한 잘못
갚지 못한 돈
전달하지 못한 인사
전하지 못한 고맙다는 말이
오래전부터 당신을 기다리고 있어요
무엇보다 그 말을 받을 사람도
전하지 못한 말과 함께
당신을 오래도록 기다리고 있지요

당신이 다하지 못한 사과를 받아주고
용서를 빌어야 할 사람,
용서를 해주어야 하는 사람까지
모두 마술 상점에서 애타게

당신을 기다리고 있답니다

인생이 다 되어 가신다구요?
급행을 타야 한다구요?
저런, 못다 한 일이 많은데 시간이 없군요

괜찮아요, 마술 상점에서는 불가능이 없어요
무엇이든 가능하지요
당신이 못다 한 말을 받아줄 사람까지
당신을 기다리고 있지요
망설이지 말고 마술 상점에 오세요

이젠 울지 마세요
— 마술 상점 6

울지 말아요
명랑하게 웃던 유년이 여기 있어요
마술 상점에 있어요
화내던 당신의 정의가 살아 있지요
눈물 흘리던 억울함이 그대로 여기에 있어요
이리 오세요
당신이 흘린 눈물 뒤에
유리 같은 마음
맞아서 부서지고 상처가 남은 얼굴
가득히 흐르는 두려움이
아직 여기 있어요
이리 와서 만나 되갚아 주세요
먼저 따귀를 올려붙이고 지옥 소리를 지르세요
훈계도 하고 말을 듣지 않으면
몽둥이를 들어도 좋아요
잘못한 사람이 혼나야지요

잘못하지 않았는데 맞았다니

많이 아프겠네요
잘못도 없이 놀림을 받았다니
많이 속상하겠군요
다 갚아 주세요
마술 상점에서는
속이 후련해지도록
되돌려 줄 수 있어요

여기는 마술 상점입니다
— 마술 상점 7

여기는 마술 상점
마술 상점에서 당신은
어둡고 지친 마음을 내려놓고
밝고 부드러운 마음을 가져가세요
실수와 흉폭한 얼굴은 내려놓고
낭만과 우아한 몸짓, 사랑의 밀어를 가져가세요

실패한 당신은 두고
성공한 당신을 데려가세요

평생 가난에 허덕였다면
지긋지긋한 가난을 내려놓고
부자인 당신을 데려가세요

여자인 당신이 안타까웠다면
남자인 당신을 데려가세요
남자인 게 안타까웠다면
여자인 당신을 데려가세요

아프고 허약한 심장을 내려놓고
튼튼하고 건강한 심장을 가져가세요
흐릿한 눈과 비위 약한 당신을 내려놓고
맑은 눈과 반짝이는 눈망울과
냄새 잘 맡고 비위 강한 당신을 데려가세요

마술 상점에서는 못 하는 게 없답니다
세상이 모두 좋아지고 당신도 좋아지고
원하는 것을 모두 이루세요
그러면 세상은 얼마나 밝아질까요
당신이 갖고 싶은 것을 갖게 되었으니
이제 고운 세상이 되겠지요?

잠깐, 욕심부리지 마세요
언제나 욕심은 화를 부르니까요

2부

언어 레시피

만첩 도화

곧은 빗장 사이를 재우쳐 오는 꽃비
슬프고 쓸쓸한 사이를 바람으로 밀어가는
하늘에서 내려오는 복사꽃잎마다
하나같이 따뜻한 재봉틀을 굴린다
꽃이 오롯한 바느질인 줄 아는 사람마다
꽃비에 즐거운 이녁이 되어 까치발로 뛰어다니는데
둥그런 꽃망울 이지러진 땅을 촘촘히 박음질한다

사람들 가슴에 만첩 도화로 피어나는
심장을 두드리는 분홍 빛깔 방망이질
급기야 만 겹 가슴, 반도에 두근거리는 소리
무어라 적지 못하고 빈 땅에 구르는 시간
슬픔을 매단 눈물이 하도 많아 상점마다
복사꽃이 마른 땅을 적시고 있다

심연이 보석처럼 고운 빛으로 물드는 한껏
사람들 모르게 제 눈물도 섞는 만첩 꽃방에
한바탕 춤사위, 꽃의 정인으로 내려앉는 중이다

쇠뜨기나 속새, 바랭이 풀떼기에도
구르는 결기 아린 꽃비를 작은 돌 가슴에 담는 것은
한없이 불어오는 바람 때문이다
사방에 널려 있는 뚫린 가슴 때문이다
진즉 다 말하지 못하고, 한 글자를 적지 못하고
이제야 꽃물 빌어 고백하는 까닭이다
진줏빛 맑은 구슬이 하늘에서 웅성거리다
새끼손톱만큼 시침 선을 그은 까닭이다

백만 계단이 넘도록 실비를 안고
여울이 여울 밀어 가는 소리
까맣게 탄 마음이 점등하는 얼굴로
온 마을을 돌아 덩실 춤사위
은하까지 새겨질 촘촘한 꽃 물질

만첩 복사꽃은 온 골목길을 빠짐없이
돌아돌아 나온다

달그락

하늘과 이슥한 동네에 들어서면
골목이 더 깊은 골목을 만들어 가는 것이 보인다
어디를 봐도 광장으로 뚫려 있는 사방에서
골목은 없어지고 사람이 환하게 피어난다
황금 재벌도 길목에서 편의점 문을 열고
찻물 우리는 작은 카페도 달그락에 있고
하느님도 좁은 길에서 낯선 사람과 악수를 한다

서로의 사이가 너무 가까운 아침이면
다 같이 세수하고 머리 감고 세탁기 돌리고
옥상에 올라가면 빨래 하나로
이웃집 평안을 자동으로 검수한다
학교 가라 깨우는 예지 엄마 소리가 나까지 깨우는
골목길 아침은 파장 떨이보다 부산하다
저녁이면 찌개 끓이는 보글 합창
불고기를 굽는 달그락 프라이팬
나도 서둘러 불판을 달군다

정겨운 이웃이 궁금하면 아침마다 열리는
달그락에 꽉 막힌 도루묵 가슴을 대어 보라
어느 것 하나 비밀이 없는 곳
우편물 하나 주소를 잘못 찾아도 새로 이사 간 우리 집
숟가락까지 세는지 제 주소 찾는 건 일도 아니다

수도관이 터져 길목이 얼면 골목길 집사들
돌처럼 딱딱한 얼음의 틈을 힘껏 열어젖힌다
눈이 와서 개구쟁이들 미끄럼을 타면
기다란 빗자루옹(翁) 조심스레 비질하고
텃밭 고추가 자라지 않으면 비료 퍼주고
종량제 쓰레기봉투 나누고 상추 꺾어 먹고
길고양이 거두느라 골목 어귀마다 사료와 물이 있는

때로 하느님이 잡수실 음식을 나르기도 하는데
이웃에서 건너온 음식은 하나같이 맛있다
세월이 넘어가는 끝에서 만난 길
세상 끝 어디보다 넓고 따뜻한 달그락이 있다

봄에게 미안하다

찬 바람 부는 겨울 밀어
한 촉을 잡고

긴 시간 겨울이 끝인 줄 알았는데 언덕 너머
바람에 흔들리는 얼굴을 보니 반갑다
차마 봄이 왔다고 말하지 못하는

재두루미 머리에 깃을 치고 오르는 봄빛
개천에 이미 당도해 있는 봄을 목격한다
그대, 갯버들 벌써 피어 흐드러지는데
이제야 겨울 지나 그대를 만난다

봄에게 미안하다 이미 당도해 있는데
왔다고 차마 말하지 못하는 부드러운 속삭임
열이 오르고 기침으로 쿨럭이면서
긴 밤을 보냈지

외롭고 쓸쓸하게

깊이 병든 날에도
봄은 오는구나 그대가 오는구나

숭고하게 오는 봄, 그대에게 미안하다

아직 이월

어리석은 나를 당겨 책을 안으면
허무한 얼굴에 휘몰아치는 폭풍
한 움큼 걷어 책이 냇가로 데려간다

새로운 문장이 허파에 들어오면
빗방울 하나하나 바람 품고 일어나
영겁의 시간이 흐르고

착한 영혼을 데려간 문장에
마음 스미는 페이지 접어 비표하고
나를 데려간 가늠하기 힘든 정하고 돌올한 정신
바람처럼 연못에 내려오는 융융한 옷깃에
포악한 슬픔을 견디기 위하여
차 올라온 겨울을
저만치 밀어 둔다

하늘에서 천지의 깃을 치는 그대여
이월의 강을 건너는 오늘을 거두어

미혹의 나락은 부표(否票)를 꽂고
장미 얼굴이 시 되어 튕기는 그때
먼 바다에서 총총 그물을 기우리

다른 밤을 건너는 낯빛에도
맑은 책이 그물을 깁는다

집에서, 나가는 봄

두 어깨 가득 방 세 칸을 지고
기울어진 어깨에 세 칸짜리 인생이
덜컹 올라앉아 있다

침대에 앉아서 노트북을 펼치면
오늘이라는 하루가 달려와 문장으로 조르는
온통 내게로 쏟아지는 오늘이라는 집

집에서 천천히 생각해본다
무엇을 위해서 하늘을 부드럽게 걸었던가
누구를 위해 가만히 속삭이며 노래했던가

어떤 오곡밥을 먹었던가
어느 골목을 지나 그의 집에 이르렀던가
생각해보면 모두 집에서 나온 것들이다

인생이란
집에서 나와 다시 집으로 돌아가는 것

집으로 돌아가는 골목길에 접어들면
벌써부터 마음이 푸근해진다

집에 앉아보니 집만한 인생이 어디 있는가
모든 것을 품고도 넉넉한 세 칸

나와 당신을 가득 품고도 넓은
오늘이라는 집에서 만유 꽃차를 마신다
밖으로 나가는 봄빛이 집이다

그때가 세상은 봄이다

살아온 마디만큼 응시가 깊어지고
당신을 그리워할 때가 되면
그때가 세상은 봄이다

새로워진 것이 하나둘
붉은 얼굴을 불러들이는 봄
얼굴 가득 들어찬 주름을 털어 내
나도 봄을 불러들인다

아린 기억이 만든 사랑도 봄이 되는 저녁
잊을 수 없어 두렵던 날도 봄빛을 담는다
두근거리는 저녁 사랑 하나 품어
몰래 간직한 바람, 숲, 안개가 봄빛이다

어딜 가나 당신이 있다
봄빛 나무 잔가지에서 눈을 반짝이고
무성한 이파리 속에도 당신이 있다

하얀 눈이 내려 덮인 산하에도
첫사랑 같은 문장이 스며
나무에 묶어둔 마음이 봄이 된다

인생이 어느 가시밭길을 갈지 모르나
연탄길 같은 다정을 키워보는 것
바람 부는 마음을 안고 걸어도 봄을 안고 걷는 것
오늘 시내 방향은 봄빛 일색이다

하늘이 흐리고 마음은 더 광막하여도
당신에게로 가는 길이 꽉 막혀 있어도
당신을 그리워하는 때가 되면
그때가 세상은 봄이다

3부
순이의 천년

순이의 천년
- **비자림에서**

땅에 떨어진 순이의 작은 마음
착하고 맑은 심장을 줍는다
마음이 심오해지는
비술의 언어처럼 길을 잃지 말고
중심의 세상으로 나아가는 시간을 기다린다
세상은 점점 수다스러워지고
가벼워진 진실은 어디에나 있고

신령한 산에서 동량을 키워내는 바람
수다를 넘어오는 웅대한 바람을 맞으면서
심장을 밟는 나쁜 것은 시간에 묶어 봉인하고

허약하고 분한 마음을 수척한 겨울 숲에 버린다
사람들 나누어 먹던 진실이
세찬 바람에 날아간 천년이
아직도 허깨비처럼 펄럭이는데
깃발처럼 나뭇잎처럼 부스럭거리는데
백록담에서 하얗게 숙연해져 세상이 조용하다

더 크고 더 높고 더 많고 더 깊은
끝나지 않는 세월을
지극한 천년의 숲 비자림 지나
맑은 하루 마주 걸으면
한라에서는 세상이 한 움큼이다
한세상이 티끌 같은 씨앗이다

동량을 키워낼 거대한 바람은 불어오고
수사를 넘어오는 웅대한 서사는 비장하고
비술의 언어가 천년 동안 길을 찾아
침묵의 수령(樹齡) 겹겹 세월
울창한 천년을 읽는다
순이의 심장을 읽는다

새해, 환희역(歡喜驛)

한 해의 첫걸음을 어디에서 떼어야 하나
어떻게 마음을 이끌어야
새해, 한 해를 사유의 숲을 거느리고
꽃향기에 취하고 그 향기를 퍼뜨리며
먼저 꽃길 만들고
만첩의 백목련을 헤일 수 일을까
목숨을 주는 해맑은 샘에서 물을 긷고
꽃길 걷는 날을 살아낼 수 있을까

새해가 되면 나이 한 살 더 먹는 일,
첫걸음을 떼일
거룩하고 겸손한 땅을
찾아 나서는 일을 생각한다

올해는 어디까지 갈 수 있을까
즈믄 생각으로 구글 위성을 돌리면
끝 간 데마다 기차역이 있고
지난해 나의 출발지와 종착지가

안개에 싸여 허공에 있다

빙빙 돌아가는 협궤열차를 타고
먼 집으로 가는 젖은 맨발

작은 마음이 아직 눈물역에 있지만
올해 나의 종착역은 환희역이다
환희역에서 그대를 만날 것이다

헬리콥터

몇 번의 보름이 뜨고
겨울이 오기 시작하면
씨앗마다 헬리콥터가 뜬다

단풍 씨앗에 새겨진 날개
해박한 지도에서
헬리콥터의 항로를 읽는다
씨앗을 타고 오르는 바람
비행 날개를 타고
멀리 더 멀리
당신보다 더 멀리

그대여 그대의 날개가 하나뿐이라면
날개 하나로는 추락할 수밖에 없다면
살면서 날개 하나를 더 마련할 일이다
인생에게 맡겨진 스스로의 사명은
재빠르게 날개 하나 더 다는 일
그리하여 평형을 맞추면서 균형 있게 나는 것

날개가 솟는다면 하늘로 높이 날아
비구름 눈구름 별구름 달구름
하나님구름까지 만나고

오늘, 어깻죽지가 몹시 가렵다
날개 하나 돋아 오르고 있다

담뱃불 전수조사

휴지를 모으는 옆집 아주머니가
합판을 들이대어 만든
그의 삶처럼 얇은 담벼락에
담배 불똥이 튈까 좁은 길
골목 집집을 전수조사했다
며칠 전 옮겨붙은 불이
분명 담뱃불이라 적시했다

그의 불안이 활활 타들어 가
가재도구에 옮겨붙는다
이불을 태우고 옷가지를 타고 올라
여름마다 사우나를 내리붓던
옥색 지붕으로 옮겨붙는다
담뱃불이 살림살이를 넘어
옆집 벽을 타고 오른다

문득 조사를 하던 그의 가슴속
차가운 벼랑이 픽, 꺼졌다 다행이다

며칠 수다스런 그의 왕 수선에 놀라
돌아본 뒤꼍에는 지난겨울 내내
어느 고독이 내다 버린 꽁초들
멀리 가지 못한 쓸쓸하고 외로운 영혼

놀라서 불똥이 튈까 숨죽이고
그저 뒤꼍에나 떨어져 작은 불똥을 황급히 끄는
순한 영혼

옹기종기 좁은 골목에서
보이지 않게 수군거리고 있다

거울 속의 점

세상이. 점.
사랑했다는 말도 점.
사랑하지 않았다는 말도 점.

살았다는 말도 점.
죽었다는 말도 점.
너와 나도 하나의 점.

점점이 뭇별을 가리키는
커다란 거울 앞에서
점 하나가 누군가의
대답을 골똘히 듣는다

이 세상
오리고 또 오려도
하나의 점마저 오려
아주 사라지나니

너무나 매달려
살을 깎아
내지 말라고

아무리 애가 타도
살아가는 길
하나의 점일 뿐이니

구석

책상이
좁은 방 가운데에서
큰곰자리를 그리길래
십자성 아래
남극 끝으로 밀어 놓았다

밀린 책상에는
밀린 것들이
놓이게 마련인가 보다

밀린 세금고지서
쓰다 만 시구
읽다 만 책
내려놓았던 스카프
끝이 뭉뚝해진 연필

어떤 일이라도
구석에 놓으면

구석이 된다.

어떤 일이라도
밀어 놓으면
체납처럼 밀린다

마음이 구석에 있다
오래전 구석이 된 마음이 있다

밀려서 납부하지 못한
미련한 마음
오래도록 체납되어

몇 곱절
가산금이 붙은 채
구석에 밀려 있다

비상벨

쓸데없이 별일 없이 아무 일 없이
쩌렁한 비상벨이 울릴 때가 있다
멀리 두고 온 마음 바짝 따라붙어
손을 놓지 않을 때가 있다

책장 넘어가는 도서관에서
멍한 정신에 비상벨이 울리면
순간 증폭되는 비상한 소리 따라
화들짝 복도로 쫓아 나오던 기억
그때 비상하게 우리가 두고 온 것은 무엇이었을까

내게도 가끔 저런 비상벨이 울리지
오작동인 줄도 모르고 한참을 울다가
아무 일 아니었다고 그쳐야 하는 무안
언제 울려야 할지 비상대기 상태에서
비상하지 않은 오작동이 마음에 남는다

오작동이 일상이 되는 허랑에

정말 위험할 때는 잘 울릴 수 있을까?
문득 마음속 비상벨이 궁금해진다
어디 둘 데 없는 슬픔의 비상벨
흩날리는 눈꽃처럼 거리에 환영으로 내려오고

별 볼 일 없이 비상벨이 울리는 날이면
달빛이 모조리 창가에 모여들고
귀 먼 말소리에 귀 대고
입가 쉼표는 신발장에 올려놓고
눈먼 사람들과 창가에 오래 앉아 있다

상한 갈대

광기 어린 푸른 물속을 와락 움켜쥐면
피라미 송사리가 마구 헤엄쳐 다니는데

세상의 끝에 사는 기이한 물고기
꼬챙이로 낚아채려 광기를 뿜는 저녁
싸늘한 바람이 불고 죽음 그림자 다가간다
무엇이든 금덩이라면 망설임 없이 달려들고
멸종 위기인 네게도 꼬챙이를 들이대는 시간

미쳐야 뭔가 보인다고 코를 낚는 광풍이 분다
안개가 토해내는 광속으로 어지러운 건넛마을에
밤이 깊을수록 번쩍이는 노을빛이 넘실거리고
누가 더 화려할까 달빛마저 오렌지색으로 변한다

대지에 내리는 별빛 외에 무엇도 없는 땅에서
분노의 오래된 마음을 꺼내어 말리고 있다
용서되지 않는 시간을 꺼내어 뒤집어 본다
마수에 넘어가던 순간을 남김없이 복기(復碁)한다

역사 앞에서 한 점을 부끄러워할 수 있기를

상한 갈대로 허리를 찌르고
피 묻은 손으로 그 허리를 만지고
때가 악하다는 간절한 음성을 듣는다

하여, 지친 신발을 벗고 무릎을 꿇으면
마지막 항구에 아직도 창백한 안색
햇살 빚는 곳에 당신이 보인다
한줄기, 어둠 속에 유일한 빛내림
그 사랑이 얼굴을 쓰다듬으니
광기 어린 푸른 물속에서
깊을수록 환해지는 문장으로
당신을 만난다

땀이 한 섬이던 저녁

습하고 무더운 시간이
열대가 되는 저녁
땀방울이 구슬 되어 엮인다

여름날의 땀방울 구슬은
가지고 놀 수 없다
열심히 구슬을 꿰던 시절은
먼 모래 속에 묻혀 있고
이제 에어컨 찬 바람 속에
두 손이 묶여 있다

저녁이면 땀내 풍기면서
집으로 들어서던 어머니 아버지
동생들의 다정한 그림
겸허한 지류 없이 여름이 멈추어
에어컨 바람에 갇혀 있다

쌀 한 말에 땀이 한 섬인데

하루를 땀으로 짜내면 한 섬이라던
그 땀 같은 것으로는
더 엮일 일 없는 시간이여
더위를 피해서 에어컨 아래에 서면
방울방울 땀방울이 숨어들어 간다
구슬로 꿰지 못해도 그리워지는 구슬
데일 것 같은 햇살 아래 만났던 뜨거운 연민
수, 수많은
억, 억 창(窓)이
무너지던 날을 헤어본다

그 오래된 땀방울 구슬은
다 어디로 갔을까?

당신의 신탁

척후를 짐 지고 가라는 지극한 명령
대나무 숲에서 당신이 내린 거룩한 신탁
짐이 무거워 한 섬 쉬는 순간이다
컴컴한 지심에 햇발이 지고 더 어둑해지면
갑판 위로 나와 오늘의 생환일지를 쓴다

배에서 빠져나갈 방법을 모색하는 일
돛대에 매달려 헛걸음치는
파랑 높은 날이면 몹시 흔들리던
바람 같은 시간, 돛대에서 마주했던 흔적

인생이란 과목은 일찍이 배운 적 없어
누구도 답을 가르쳐 주지 못한다
그대 입버릇이 험하게 굴러가고 있을지라도
그만 일어나 법칙을 넘어 파동을 넘어
오그랑수*부리지 말고, 걸어야 한다

밤새 뒤척이는 걸음으로 와온에 닿으면

생은 숲에서 정답을 몰고 올 테니

척후의 완성은 그쯤에 있으리
신탁의 대답은 그쯤 있으리
거기에 대나무 무수히 자라
귀를 열어 기쁨으로 기다리고 있으리

* 겉과 속이 다른 말이나 행동으로 나쁜 일을 꾸미거나 남을 속여 넘기려는 수법.

씀바귀, 끊임없이 쓰다
– 신산하고 빈한하던 어머니의 영전에 쓰다

마음은 하늘을 담고 있다
마음은 하늘을 쓰고 있다

씀바귀처럼 하얗게
마디마다 우러나 세상이 쓰다
하늘을 담고서도 마음이 쓰다
하늘을 이고서도 마음을 쓰다

그대가 날아간 세상도 이와 같아
무거워진 머리를 풀어 바람에 흔들린다

마음을 쓰고
시를 쓰고
책을 쓰고
그리하여도 속이 쓰다

그대가 날아가 버린 한 데에서

세상이 쓰다
끊임없이 세상이 쓰다
편지가 하염없이 쓰다
시가 하염없이 쓰다

해저에서

머언 바다 끝에 다다라
푸른 물결 바닷속을 가만히 들여다보면
해저 구석에 쭈그려 앉은 마음이 보인다
두 손을 아래로 툭 떨어뜨리고
힘없이 돌벽에 기대어 있는 사람이 보인다

오래 기다리지 못하고
먼저 가버린 시간이 그곳에 당도해
외로워하고 있는 것이 보인다
버릇없이 굴던 날이 빗물을 떨구면서
훌쩍거리는 측은한 소리

바다 끝에다 버린 시간을
가만히 들여다보고 있으면
울컥한 울음을 쏟고 있는 오늘이 보인다
외롭고 격하고 못난 불온한 순간이
손을 잡아끌고 길고 깊은 해저를 가리킨다
이제는 쭈글해진 손 주름과 악수를 하며

빗물보다 진한 바닷물 속에 있는 시간이
돌에 걸려 넘어지던 순간과 함께
짠물로 울고 있다
납덩이를 매달고 가라앉아 있다

수중선(水中船)을 띄워야 하나
건져 올려 번제(燔祭)를 드려야 하나
머리와 다리를 따로 놓고 각을 뜨기 위해
예리한 칼을 높이 든다
용서의 마음이 눈앞에 온다
피 한 방울 흘리지 않는 계절이
다가오고 있다

사과를 물고

별빛을 노래하는 네가 독을 품고
사람들을 향해 아름다운 노래를 부른다
순연한 얼굴 뒤에 맹독을 숨기고 노래를 부른다

잘생긴 신체의 기관에 큰 돌을 얹어놓고
독성을 되게 눌러 놓고
누구도 모르는 맹독

활짝 웃는 네가 처연히 독을 깔고 앉아
무구한 사람에게 독을 쏟으면
순전한 사람은 쉬어지고
끝끝내 바람에 쓰러지고

그러니 네가 노래한 것은 별이 아니다
네가 노래한 것은 사랑이 아니다
네가 쓴 시는 맹독이 든 요설

한 입 베어 물면 구멍 난 머리가 흘리는 흰 피

파리한 목숨을 옥죄는 맹독, 요망한 독설
물어라 아가리, 파란선 문어 대가리

사과를 물었다고 해서 용서할 수는 없다
사과는 최소의 요건, 그때부터 지난한
용서의 골고다가 시작될 수 있을 뿐이다

4부

하루를 탁발하는 고행자

하루를 탁발하는 고행자

다복이 피는 꽃은 복이 있나니 구들장보다 환하나니
오만 세상에 빛나지 않는 것이 어디 있겠습니까
당신도 책갈피 끼워
빼곡히 밑줄 긋던 사람

푸른 이파리 아래 나에게 밑줄 치던 사랑이나니
악수할 때마다 따뜻한 정이 오가던 사람입니다
그대는 오늘 거칠고
부드러운 손마디를 가졌습니다

철마다 피는 꽃은 빛이 있나니 그늘보다 아름답나니
버덩한 세상에 복 받지 않는 것이 어디 있겠습니까
당신은 선한 뜻 이어
가만히 행동하는 인고의 풀빛

우리는 오늘을 편물 누더기에 탁발하는 고행자일까요
대사를 까먹은 배우처럼 당신 집 앞에 오래 서 있었을까요

흡반 있는 여덟 개의 다리를 가졌을까요

멍텅구리였을까요 망할 놈의 상판이었을까요
그리 휘젓는 더듬이 끝에 둥그런 눈알을 가졌을까요
안개가 흐르는 세상을
거친 이빨로 무너뜨렸을까요

지금은 모오든 복 받은 것에 꽃밥을 흩뿌리면서
여덟 개의 눈으로 흰 깃을 닦아주던
하루를 탁발하던 마음씨
환히 비추어 봅니다

무지개는 오크*를 세고

허망을 가슴에 품고 좀 쉬어 볼게요
삭여야 했던 시간만큼 잡히지 않는 시간을
좀 만져 볼게요 무지개로 오크라도 세어 볼게요

어떤 짐도 가벼운 것이란 없네요
남김없이 내려놓을 수 없네요
어차피 인생에서 가져갈 수 있는 건 없는데

아직도 끼니 걱정하는 부모님 나 어린아이들
양어깨 위에 지워진 등짐을 모두 내려놓고
느리게 일곱 빛깔로 나아갈 수 있는지

초록 바다 머언 끝이면 무지개를 만날 수 있을까요
먼지 나는 길가에 하얀 망초가, 토끼풀 꽃이
빠안히 쳐다보는데 오크를 피할 수 있을까요

날 잊고 잠들어 버린 당신을 깨울까요?
혹시 당신이 지하의 오크일까요?

귀에 땀이 나도록 가는 허리 휘어지도록
어깨가 무거워지도록 청각 경고 문자가 올라와요
깊은 밤 붉은색으로 속삭이지요

소음이든 풀잎이든 과한 밤을 새고 나면
인생을 무지개라 말할 수 있을까요
아니면 오크처럼 긴 이빨 드러내고 있을까요

* 〈반지의 제왕〉에서 지하에 사는 괴물 인간.

자국꽃

낙엽비 쓸리는 넓은 공원 볕바른 광장
좁은 골목길의 다정에서 맨주먹인 줄 모르고
떨어져 뒹구는 붉은 마음을 천천히 줍는다

짓밟힌 가십거리 말잔치가 우발하는 골목
용서를 외치던 앞장선 거친 위로까지
아무도 용서하지 못하는 새빨간 도끼날

무서운 어둠 속이 마음을 헤집는다
스크럼을 짜던 바람 힘껏 끌어안아 버티면서
뜨거운 얼굴을 안고 모진 외면을 견디면서

불어터진 자국꽃 마음 결기를 감추고
시간을 품어 서걱이는 눈을 부비고
은하가 하늘에 갇힌 채 지옥에 가는데

천년을 내려놓고 온정이라 부르면서
지옥을 불러들인 밤을 우발하는 자국꽃을 쓸면서

뭉근한 여우비 맞으며 가벼운 말 찾아 나선다

말더듬이

해맑은 하늘에서 데려온 들뢰즈를
저명한 강사가 떨리는 벅찬 가슴으로
기. 관. 없는. 신체를 더듬어 말한다

탈코드화된 것들은 마치 바바, 둑, 처럼
자기의 집을 만드는데 그것이
여영.토오.라고 강조점을 찍는다

장기를 두는 것은 타타탈영토화라고
매끄러운 홈밖에 집을 짓는 것
그것이 드드들, 뢰, 즈

당신의 호홈, 홈 밖의 다, 당신
바꿀 수 없는 것을 바꾸어 버리는
마, 망상

감각의 차, 착란
현실이 비틀어지는 탈영토를

그의 말이 비틀어지는 허공에서
기관 없는 신체를 더듬어 내린다

우리는 모두
어, 어디선가
떨리는 버, 벅찬 마음을, 기관 없이
더, 더듬고 있다

격잠

흰 달을 구워
가져가야 하는데
나 좀 꼬집어 줘
내가 죽었지?
그런 나를 끌고
어제는 마트에 갔지

이것저것 샀지 뭐야
이게 다 뭐람
언제 먹을 수 있을지
호천(昊天)*에 다니면서
맨발 자국을 찍을 수 있을지

먼 길을 가는데
격잠(隔岑)을 깨우며
어깨를 두드리던
망연한 손길

먼저 간
그대에게 도착하려면
먼 길인데
흰 달을 구워야 하는데

• 넓고 큰 하늘.

신념에 부는 연풍
- 겨울의 문장

1
첫눈이 발자국 무늬 없이 이불이 되는 밤
겨울 숲에서 불어오는 바람 밤이면
휑한 구석으로 더 많이 불어와
눈 이불마저 여지없이 헤쳐 놓는다
내리는 눈을 따라 줄어든 살림을 짚어보는
빠르게 읽어가는 이 길

어젯밤에는 오랜 신념에 연풍이 불었고
통나무집에서 남루해지도록 악물고 있다가
신념도 이불이 될 수 있을까 생각에 잠겼다
손이 찬 나를 데리고 칩거 중이던 책을 펼쳐 들어
인생의 아득한 순간을, 찬란했던 순수를 가늠한다
파란이 일던 지점의 빼곡한 행간, 밑줄이 그어져 있다
그 두께만큼 지나온 인생인데 아직도 밑줄에서 머뭇거
린다

세상 풍진에 길들어 흔들리다 밟히는 정신

행색이 남루하고 초라하여 엄폐물을 찾고
다급한 바람의 기억은 오래전부터 꽐라＊인 듯
좀처럼 매듭지어지지 않는다

2
인생은 이만큼 먹여주고 입혀준 천리의 물살에
팽나무 같은 두께를 주며 조용히 다녀가는 것
모던한 인생이란 모로 누워 바람처럼 읽어가는 것
나직하게 읽어 내릴 어깨가 찾아오지 않는 밤
아직 이불 속에는 찬바람이 꼭꼭 들어차 있다

그래, 행복은 왜 그리 느리게 오는지
몇 개의 계곡을 건너 냇물을 따라오는지
어느 골목에 들러 도란거리는지
외딴 담벼락에서 아이들이 드잡이하는 무엇처럼
나도 모르게 바람을 흉내 내어
한 움큼 세월의 멱살을 움켜쥔다

너무 늦게 오는 행복의 나라로
해를 받으며 노래하고 길을 걸어
밤으로 가는 시간이 길어지면
귀퉁이가 닳아빠진 책에서
행복 찾기에 골몰하고

3
그렇게 절판된 책을 열흘씩 끼고 있으면
절망의 페이지가 노래하고 말소된 영혼 춤춘다
오늘 기울어진 저녁을 먹고
거친 바람을 맞으며
이불을 당겨 덮고

이를 악물고 그렇게
석 달 열흘을 웃을 수 있다

* 술에 만취된 상태.

백골이 진토되어

눈비가 오는 날에 기침 소리 폭포수로 쏟아지고
피로 먼지와 모래를 털면 오랜 믿음이 흘러나온다
남루를 채색한 오늘은 어디까지 갔다 왔나
흐린 하늘을 밟고 온 두 발에 겹겹이 끼인 시간이
깨끗이 씻겨지는 저녁이다

해가 지면 조롱거리가 되어 버린
정의가 순한 손발로 마주 앉는다

그래 아직은 우리가 다정한 친구라고 할 수 있지? 그렇지?
글쎄 이 세상에 진 빚을 다 갚을 수 있다면야
정의는 우리 편이지 우리는 다정한 친구지
백골이 진토되어도 갚지 못할
억 빚을 지고 있는데 그게 정의가 되겠어?

지금은 우리를 위하여 다정한 저녁이 왔으니
이걸로 파란 많은 오늘을 마감하면 안 되나?

감사에, 거룩한 양식과 붉은 과일을 식탁에 올리고
하얀 이밥에 사랑을 얹어 먹으면 안 되나?
무슨 말씀을, 그 많은 빚을 안고
편하게 식탁에 앉아 이밥을 먹다니 가당찮아

그래도 위로받고 싶으니 사랑을 얹어 한입 가득 주신다면
이 만찬, 밥풀 한 알까지 맛있게 먹을 텐데

고단한 하루, 수고에 수고를 더했으니
어디 그대의 짐을 식탁에 풀어 봐

달세를 물어다가 이 궁전에 모두 다 바쳤고
이자가 나를 물어다가 은행에 제물로 바쳤어
하늘 아래 별처럼 빛나는 궁전이잖아
아름답게 흐르는 여울, 찬란한 다리 옆에 보석 궁전
가끔은 강물이 아롱져 노래가 들리는데
이제는 빚이 한가운데 여울져 흐르네

강가의 나무가 춤을 추면 활자도 춤을 추었는데
이제는 빛이 칼춤을 추느라 나는 뒷전에 있네

그러니까 혼신을 다해
순하고 따뜻한 저녁을, 극진한 만찬을
힘껏 밀어내야 하는 거지

쓸개를 꺼내고

침묵이 금기를 깰 때가 있다
불가사의 미증유 전인미답
발설하지 않고는 배길 수 없는
예리한 칼끝에 여지없이 베인 상처

거침없는 힘에 압도당하여
미지에서 심장을 밟아 내리는 소리
오래전 용서가 아직도 그대로일 때
지하의 오크를 우연히 만났을 때
침묵은 돌연 활화산이 된다

온 산과 바위가 깨어져 산산조각 나는
칼날이 되는 것도 두려워하지 않는
오래 간직한 만큼 깨뜨려졌을 때 가장 날카로운
큰 소리가 되어 곤궁을 뒤져 흔든다

숨겨 놓은 말이 더 날카롭다
숨겨진 비수가 더

예리하게 세상을 베어낸다

모가지 드리우고
쓸개를 마시고
날카로워 결연한 그대

백비

가난한 목숨의 수모를 견디면서
휘몰아치는 바람을 맞으면서
모래바람에 날려간 해답을 끌어안고

해 지는 길목에서 젊은 책을 읽고
반짝이는 눈은 히말라야 소금으로 내리고
높이 올라간 비박지에서 한심하게 한잠을 자고

더 사랑한 사람이 약자가 되듯이
처음부터 심장이 약한 사람, 그는 아울렛에서
바겐세일 중인 붉은 심장을 여러 개 사 온다

직관적 사용을 강조하던 사물 의식은
밑줄 긋던 버릇을 고치지 못하고
오늘은 구멍 숭숭 난 돌에 밑줄을 그어대다가

적힌 것 없는 하얀 비석* 앞에서 시간을 흘리고 있다
벼랑의 끝에서 쌓아 올린 무적(無籍) 기념비에

눈비가 쏟아지는 서글픈 하얀 바윗돌 기억

* 제주 4·3사건의 백비.

파랑(波浪) 앞에

온 세상이 멈춰 서서 지켜보던 아이의 첫걸음마
꽃비가 흩어져 내리던 젊은 날의 고백
이제는 건기에 들어 바짝 마른 거북한 입술

시간의 계단을 따라 골목이 대문을 열 때
인생을 버린 몇 날을 집어 오선지에 올리고
나직한 악보를 속삭이는 깃털로 그린다

사는 일이 미련해지면 귓가에 걸린
온음에 앉아 발질을 하면서 파랑을 걷고
한 번 제대로 울지 못하고 번번이 빠져드는

물속에 너울거리며 하늘에 보내는 발길질
수억 창의 눈물을 허밍으로 음각하는데
출렁이는 음악이 바다에 넘나들고

백합보다 빛나는 빛을 날개에 새긴 갈매기가
달빛이 드는 아득한 창으로 걸어 나와

물결이 맑아진 웃음을 얼굴에 바른다

심각한 인생과 마주 앉아 두 잔을 나눌 때
와온의 바닷가 음각이 양각으로 출렁이고
입술 꼬리가 먼 산 쌍무지개로 뜬다

그, 마음의 골목

가도 가도 골목인
어디 막다른 곳이다 싶으면
다시 골목이 나타나는
골목의 끝은 어디일까
이 골목에서 벗어나는 일이
인생의 종점일까

몇 번을 잘못 들어가는 비슷한 골목이
하늘까지 닿아 손을 뻗고 있다
두 손이 하늘에 닿고 있다
하느님이 꼬옥 잡아주실
거칠고 부끄러운 손
기꺼이 하얗게 밀어 올린다

에메랄드빛 스카프를 펄럭이고
등산 아닌 등산을 하면서
세월이 넘어가는 끝을
가없이 넘어다본다

좁은 골목길 대문을 활짝 열면
때로 엄마의 눈물이
핫라인을 놓고
아이들의 웃음도
핫라인을 길게 뻗는다

날마다 해맑은 마음이 하늘로
고속도로를 놓는 동네
저기 낡은 건물과
청량한 영혼

빈 마음이
그,
골목을 지나고 있다

바람 없는 골목

골목을 휘돌던 바람은 다 어디로 갔을까
이제 골목에 더는 바람이 살지 않는다

바람마저 하느님이 사는 고층 아파트로
잔짐 하나 없이 이사 가버리고
빈 생(生)만 골목에 옹기종기 붙어
뜨거운 먼지에 덮여 여름을 나고 있다

다닥다닥 붙어 있는 벽 사이로는
공기를 가르는 바람도 비집고 들어올 수 없지
그리운 골목에 들지 못하고 공중을 배회하지
바람 한 점 없이 여름이 참 더운 골목에서
바람이 바람나서 여기에도 좀 불어 주었으면

손님도 오래 머물지 못하고 서둘러 돌아가는 골목
지금이라도 바람의 영혼을 데려와
날아가지 못하게 대못질을 해야 하겠다

그렇게 한 삼 년이 지나면
골목에서도 바람이 살 수 있을까
골목에서도 청량한 여름을 날 수 있을까
고층 아파트와 공원의 풀에게 내어준
센 바람을 찾으려 골목 어귀 평상에 앉는다

바람도 무척 미안한지
겨울이면 좁은 셋방까지 치고 들어와
여름내 흘린 땀을 처연하게 거두어갔다

껌딱지

시커멓게 계단과 현관 앞에 철퍽 내려앉은
껌딱지를 떼다 보니 알겠다
껌딱지 하나 떼는 데도 온 힘을 다해야 한다는 것을

콘크리트 계단 황동에 늘어 붙어 삶에
검댕을 칠하는 껌딱지를 떼어 내려고 하니

커터 칼과 송곳을 휘둘러 깎아내고 찔러대야
겨우 떨어지게 된다는 것을, 껌딱지 하나에도
질기고 긴 소멸의 역사가 스미어 있음을 알겠다

오랜 역사를 간직한 것은 쉽게 떨어지지 않는다는 것을
면적이 서너 배인 큰 껌딱지는 떼는 데도
상당한 공력이 들어가야 한다는 사실을

오래된 시간만큼 시커멓게 분장을 하고 있는
껌딱지를 떼다 보니 바닥에 붙어 있는 것이

껌딱지만이 아니라는 것을 알겠다

지난겨울 문틈으로 숨어드는 바람을 재우느라 쏘다 흘린
실리콘도 여기저기 껌딱지처럼 바짝 엎드려 있다는 것을
바닥에 붙어 있는 것이 모두 껌딱지가 아니라는 것을

시커먼 자욱만 보면 껌딱지를 탓하는데
함부로 손가락질하면 안 된다는 것을
몇 개만 떼어내도 휘어지도록 허리가 아프다는 것을

기억의 방

하얗게 첫눈이 내리는 밤이면
기억의 방에 장기투숙 중인
첫사랑을 꺼내어 읽습니다

백마의 갈기처럼 천지에 내리는
그대는 눈의 격정을 닮았습니다
어느 때인가
눈 쌓인 골목에서 다짐하던 맹세가
오늘은 밖으로 나와 천지에 흩날리고

사랑을 아느냐고
격정을 겪었느냐고
차갑게 묻습니다

하여, 최초의 진실에 도달하기 위하여
호숫가를 거닐고 있습니다

첫사랑은 호수 깊이 잠들어 있고

어느 바람 부는 날에 또 생각하겠지요
다시 걱정의 날을 만날 수 있겠지요

사랑합니다
고맙습니다
미안합니다

이루지 못한 고백이 수북이 쌓여
지독한 장기투숙생이라고 속삭입니다

5부
어리여치

건반이 궁금해지는 저녁

웅성거리는 건반이 꼭꼭 들어찬 동네
차가워진 겨울 저녁을 따스히 두드리는 건반이
밤이면 서로의 기슭이 되어 창이 되어
뚫려 있는 가슴을 채우는 곳

저녁이면 집집마다 그대의 목소리가
담을 넘어오고 넘어가고
담쟁이, 배롱 꽃이 담 넘어 오가듯이

옆집 코끼리가 된장국으로 끓다가
테너 음으로 창을 넘어 날아들고
앞집 불고기가 보글 합창으로
현관을 넘어 콰트로 부르고
우리 엄마, 미역국 끓이다 골목에서
저음 수다로 알토 음을 낸다
고양이가 옥상 놀이터에서 북북 긁는 건
벌써 저녁 식사를 끝내고 냄새를 지우는 중

그 아침에 내건 나의 건반은
골목에서 애들과 놀다가 음계를 잃고
오색 창연한 색깔을 입고 울었지

머릿속이 온통 껌인 원숭이*가 골목에 들어서면
울음을 그치고 2층 계단으로 뛰어올라
양손으로 현란하게 심장 음계를 두드렸어
골목에 들어오는 소리 계단 발자국 소리
하루를 건반 속에 삼키고

들키지 마라
입에 손을 대고 눈을 연신 깜빡거리는
지금은 원숭이 건반이 다정히 저녁 먹는 시간

---

* 너무 오래 거울만 보면 원숭이처럼 보인다. 사르트르의 『구토』 중에서.

북풍 너머 꽃다지

떨켜 없이 지나온 겨울
바람 잘 날 없습니다
상한 갈대가 되어 하루도
아프지 않은 날이 없습니다
줄기에서 뚝 떨어지지 못하고
긴 시간 매달려온 폐허

수수수 부르는 소리 눈 쌓인 계절에 노래될 때
혹한을 넘어 긴 밤을 지나
눈비에 부서진 보도블록을 지날 때
절뚝 계단을 올라와
쪼그라든 시간을 밀어낼 때

북풍에 젖었던 나뭇잎 사이에 와서야
비로소 보릿고개를 넘어갑니다
그때에야 겨울 노래를 멈출 수 있습니다
폭풍처럼 춘설이 내리고 새싹이 올라오면
시샘으로 매서운 칼춤을 추는 새

봄이 가만히 걷는 거리
천천히 걸어 도착하는 소리
춘설 녹으면서 수군거리는 거리
봄이 길거리 골목에서 웃는 소리 들리면
긴 겨울이 먼지를 털고 일어나
낙엽이 진자리를 만들어 놓는 곳
그곳으로 갑니다

욕심이 비켜서서 마음을 걷어내면
겨울 너머 꽃길이 있습니다
보릿고개 너머 꽃다지가 있습니다

모세, 지팡이 길

천년 동안 꽃이 피지 않는 방에서
햇살이 들지 못하는 지하방에서 긴 잠을 잤어
오래도록 그대의 살결에 백 번쯤 묻히는 꿈을 꾸었지
거미가 먼저 그물망을 쳐 놓고 가림판을 치고
날마다 거미줄이 경계를 그어대고

불타는 옥탑방에서 태양처럼 이글거리기도 했어
뜨거울 대로 뜨거워진 계단이 날마다 녹아내렸지
옥탑으로 향하는 계단이 휘어져 휘청대는 날이었지

하나님이 가끔 오셨지 깊이 끓어대는 밤
별주에 안주를 그을 때 별빛이 북쪽으로 휙 긋는
아름다운 깃을 치고 영혼이 영혼을 부르고 불꽃으로
피어날 때
어머니의 그림자 방을 기웃거릴 때

어머니는 항상 물으셨어, 잘 사느냐고
그래 냅다 눈물이 차 올라와서

잘 살고 있어요. 괜찮아요. 그렁그렁
어머니의 아득한 음성이 깊은 밤에
나를 찾아와 궁생원의 나락을 훑을 때
그럴 때는 꼭 하나님도 오셨지

하늘은 젖과 꿀이 흐르고
산등성이에는 무지개가 피어났어
피안의 방주가 나를 기다리고 있지

그래, 지팡이로 질퍽이던 대지를 내리치면
마른 길을 걸어갈 수 있었지
그 길에서 사냥을 하고 떡을 구웠지
맨발로 길을 걷고 있었는데 말이야

지독한 기술

가시 돋친 줄기 사이 햇살이 찾아 들고
어둠에 속한 내가 걸어 나온다
겁 없이 환해지는 문장, 입술에 차오는 영롱한 이슬
거침없이 땅에 굴러다니고
삶에서 만난 지독한 기술은 하나같이
칼날을 번득거리며 날아다닌다

하여, 두렵지 않은 날을 세어 볼까
가끔 칼날에 베여 핏빛을 바르고
어둠에 갇혀 밥을 먹었다
벌레처럼 몸을 구부리고 앉아
성경에 손 얹어 맹세하고
성호 그으며 촛불 켜던
머나먼 진리의 밤

내가 만난 것은 하나같이 술별에 살고
술기운으로 아침을 맞는 불복한 종족
반쯤 발그레해진 얼굴로

땅에 떨어진 말을 주워 담느라
하루해가 지나가는

오늘은 어둠의 끝에서 취한 기술을
쓰레기통에 처박아 버리고
4번 출구에서 보고 싶은 햇살을 만난다
저기 교회당 십자가 아래
한 사람이 눈에 들어온다

어리여치

잘생긴 이리가 위로해준다 손을 내밀어요
풍랑이 일어요 깃발이 펄럭여요
주책없이 마음이 뛰어요

어리여치를 내동댕이치고 말았어요
내 잘못이에요 너무나 놀라 이리처럼
영혼을 팔아버린 유령인 줄 알았거든요

심연을 넣고 다니던 가방을 불태웠어요
허물어진 성 때문이에요 다시 쌓지 못해요
허망한 빈손으로 깨어나지요

어깨를 파고드는
배낭을 메고
시든 마음을 안고
압박이 지나친 먹물을 이고

선사시대를 만난 듯

세상 끝을 따라 걷고 있어요
어깨에 풍랑을 메고 있어요
어리여치 어깨가 무너져 있어요

저녁이 되면

저녁이 되면 두 손을 모으고
어떤 저녁도 포기하지 않게 하소서

한 단어로 사랑을 시작하게 하소서
한 손길로 눈물을 어르게 하소서
한 송이 꽃으로 인생을 완성하게 하시고
한 개의 별빛으로 소망을 갖게 하소서
한 자루의 촛불로 어둠을 밝게 하시고
어떤 어둠에 있더라도 빛을 잃지 않게 하소서

봄처럼 저녁이 따뜻하고
꽃이 만발하여 환하게 하소서
여름처럼 저녁이 무성하여
초록에 지친 잎을 읽어 내듯이
저녁이 초록으로 가득히 물들게 하소서
가을처럼 저녁이 쓸쓸하지 않게 하소서
겨울처럼 저녁이 너무 길지 않게 하소서

서로에게 기댄 어깨로 창밖을 내다보게 하소서
한줄기 밝은 빛에 마음을 내어놓고
환하게 흐르는 빛을 바라보게 하소서
한줄기 빛을 바라보게 하소서

드래그

깊이 가라앉아
망각을 건너

무거워진 너를 자주
드래그하면서
기어코 폐허에 주저앉아

집적이 구름으로 떠다니고
기억이 흩어지는 곳에서
눈물도 산산이 흩어져
척박한 돌, 편집된 시간이
의식 편편에 박힌다

아니다. 너를
힘껏 망각으로 던져
아주 버려야 하는데
다 던져야 하는데

소멸된 기억이
스멀스멀 벼랑을 올라오고

결국 너를 드래그한다
시편으로 당기고 있다

호박씨

어디서 제비가 사과를 물고 노래 부른다
제비 다리를 손끝만큼 건드린 건 잘못이다
부러뜨려야 호박씨를 물고 올 텐데

제비는 누구보다 강하고 염치없고 뻔뻔하지
그가 사과를 삼키려다 목에 걸린 것을 봐
단 하나의 사과 조각이 오래도록 목구멍에 걸려

바람을 잡은 채로 사방에 거미줄을 친 채로
시간을 업고 바람을 타면서 먹이를 기다리는 모양이라
니
사과는 어둠에 걸려 목을 타고 넘어가지 못하고

사과에 얽힌 실타래 아직 닻을 올릴 수 없다
충분히 바람이 불지 않기에 바람을 기다리면서
홀로 노 저어 피안으로 간다

밀짚 수밀도(水蜜桃)

잔별을 끌어당겨 덮는다
바람 불고 그대가 불어오면
꽃비 날리던 밀짚에 오후의 빛이 스며

사랑한다는 것은 수밀도처럼 차오르는
맑은 이슬 모여들어 강이 되는 것이니
그대여 항용, 이 사랑을 기억할 일이다

낭만의 식구마다 복숭아처럼 단맛을 입에 물
한여름을 오롯이 살아낸 과육처럼
그렇게 그대를 사랑할 일이다

유난히 길었던 장마, 냉혹한 빗줄기를 견디어 낸
그대 빛나는 뭇별보다 더 빛나는 숭엄한
예후를 담고도 달콤하다
다정한 손자국 복사꽃을 닮았다

기침 바다

하루도 빠짐없이 기침 바다에 도착한다
얼마나 흔들리며 걸어왔을까
분단의 계곡을 어지러이 건너왔다.

내 어눌한 손은 간혹 슴베찌르개로
돌집을 봉인하던 작은 새

그대와 나누어져 있는 담, 계곡을
허공에 하냥 두 손 저으며 건너
콜록거리는 불안의 얼굴

그대를 겨누던 가슴의 분노
단단한 옥합에 봉인하고

돌날을 갈던 계곡에서 맑은 물에 얼굴을 씻고
바람이 불지 않아도 이는 물결을 철벅이며

오늘은 더운 국물로 토렴한 국수를 말아 먹고

서로 드잡이하던 일은 흰머리가 되어
뒤란에서 흩날리게 두었다

청춘을 탕진하고 기억은 마모되어
이름까지 잃어버린 필적
분란의 물로 지나온 세월
배에 띄워 보낸다

배롱에 깃들어

백 일 동안 하늘을 향해
손 모으고 기도하는 너는
꽃빛이 참 선하다

열 시간 열흘을 참지 못하는 영혼은
네가 퍼 올린 향기를 다 마시고
오늘은 꽃구름을 잡으려

아침을 열고 나와
꽃잎을 먹고 차를 곱씹어
음영에 가려진 눈물을 닦는데

산화하려고 산에 들어가 앉은
매끄러운 배롱에 깃든 좌부림
맑은 저녁이면 모두 떠올라 왔다
가장 긴 옷자락을 지하 궁전까지 끌면서
올라와 소근거렸다

어머니 애간장에 녹아내린 아침이면
세숫비누 냄새를 풍기면서 옹달샘 물을 마시고
다시 아침을 열고 마당으로 간다

별과 함께

동지를 새운 별은
투명한 울음을 깎아 내려
금강석보다 반짝거린다
그렁그렁 오붓한 눈물방울을 잡아당겨
각도를 바꾸어 서로 빛을 맞추면
몇 개의 골목을 지나서 만나는
투명한 별빛, 세상천지에 반짝거린다

별은 따뜻하고 아름답지

별에서만 느끼는 온도가 있어
어딜 가나 변하지 않지
별은 동굴에서 태어났어
네 번째 만나는 동굴이 고향이지
동굴 천정에는 함께 태어난 별이 있어

여기 억겁 바람이 불어오면
기도를 실은 헝겊 조각을 만나게 돼

동굴 가득히 별빛을 켜고
작은 바람에 바람개비를 돌리면서
소원을 적은 종이를 읽어 들이지

그건 긴 밤을 지새운 별의 이야기
휘파람을 불면서 협곡을 지나온 바람 이야기
밤이 깊고, 어둠이 짙어지고
빵에 대한 믿음이 깊어지고

스티커를 떼다가

황급한 손자욱으로 스티커를 떼다 보면
성질머리 급한 사람이 슬며시 걸어 나온다

악마 이빨을 드러내고 급하게 스티커를 떼다 보면
찢어지고 말아 지저분한 자국이 눈물로 남는다

천사가 되어 천천히 날갯짓을 하며 스티커를 떼면
자국도 없이 깨끗하고 맑은 책상이 나타난다

급하게 먹는 밥이 체하듯
악마들이 하는 장난이 실패하듯

급하게 하는 일은 급하게 마무리되고
이전보다 더 지저분한 책상이 남는다

천천히 스티커를 떼면 그 미세한 결이 보이고
매끈하고 깔끔한 속살이 드러나는데

무얼 하려 급하게 덤비는지
일을 망치고 후회를 하는지

다시 처음으로 돌아가 결대로 떼어
오늘 아무도 다치지 않고 떼어낸 기쁨

오늘 모두들 결대로 살아가기를
천사가 되어 서로 보듬어 주기를

시계방

시계에 귓밥을 주러 들른 골목에서
낯익은 푸른 시간이 걸어 나와
뜨거운 불꽃으로 다투어 피어난다

어제의 시간과 오늘의 시간이
미래를 밀치면서 하느님 음성처럼
가슴을 치는 소리 범나비 우는 소리

시계 속에 갇히어 시간을 잃고
영혼에 초침 분침이 폭포로 떨어진다
반지를 고르다가 별을 목에 걸던 시간

죽음이 제 무게를 슬며시 밀쳐내고
님프의 백일몽을 드나드는 무덤에
추억을 끌어내어 되살아난 젊은 시간

시계방에 앉아 초침을 따라 돌면서
초침이 저마다 허공을 치는 종소리

커다란 깨달음 하루 삼만육천 번 번뇌를 친다

볏 시울

서로가
찬란하게 물들어
담장을 넘어가는 때

나는 무슨 물이 들어
네게로 갈까

감나무 밤나무 모과나무
서걱서걱 물들어
볼 붉히며 울타리에 내리고

해넘이 마을
장닭은 오늘따라

목울대 높이는
볏 시울이 발갛구나.

|해설|

마술 상점에서 시인은 무엇을 할 수 있는가?

이승하(시인·중앙대 교수)

　김신영 시인의 제4시집은 앞서 낸 3권의 시집과 꽤 많이 다르다. 이전 시집의 어려운 상징과 언어 실험적 요소를 많이 걷어내고 독자 곁으로 다가가려는 노력을 하고 있다. 그렇다고 해서 사랑을 속삭이거나 자기고백의 차원으로 내려오지도 않는다. 한마디로 말해 시인은 서늘함의 세계에서 따뜻함의 세계로 이동해 간 듯하다. 때로는 열정의 뜨거움에 휩싸이기도 한다. 어려운 상징과 은유를 버리자, 무조건 쉬워져야지, 독자와 어떻든 소통해야지 하면서 대중의 기호에 맞추려고도 하지 않는다. 거대담론이 무너지고 미래파가 종적을 감춘 지금, 가장 바람직한 전략을 택한 것이 아닌가 한다.
　후대의 역사가이건 사회학자이건 문학인이건 2020년을 팬데믹 시대로 기억할 것이다. 사회적 거리두기의 상징물

인 '마스크'가 많은 시인들에게 중요한 시어로 등장하고 있지만 김신영 시인은 코로나 상황 혹은 팬데믹 현상에 대해 즉자적인 반응은 하지 않는다. 그 대신 마스크를 안 써도 되는 시대가 빨리 오기를 염원하고 있다. 관용, 허용, 배려, 양보, 치유 같은 낱말이 시집 원고를 읽는 동안 뇌리를 스쳐 가곤 했다. 시인은 『마술 상점』에 독자들을 초대해 '사랑의 열매' 이상의 선물을 나눠주려고 한 것이 아닐까? 정말 좋은 선물은 값으로 환산할 수 있는 것이 아니다.

> 우리 상점에 오세요
> 없는게 없죠
> 당신이 애지중지하던 스카프
> 잃어버려 찾지 못하던 반지
> 전당포에 맡기고 못 찾아온 시계
> 강을 건너다 빠뜨린 손수건
> 어머니가 잃어버린 참빗
> 애기들이 흔들다 놓친 왕방울
> 모두 여기에 있답니다
>
> 참,
> 당신이 제일 궁금해하는
> 유년의 해맑은 기억

첫사랑의 연인
　　그리운 어머니
　　먼저 간 친구들까지
　　모두 여기에 있어요
　　얼른 오세요
　　여기에 다 있어요
　　　　　　　　　－「만물상회-마술 상점 2」 전문

 김신영 시인이 독자에게 선물하고 싶다고 생각한 것이 처음에는 그들이 잃어버린 물건들이었다. 스카프·반지·시계·손수건·참빗·왕방울 같은 추억어린 물건들. 그런데 그런 물건은 백화점에 가면 다 있다. 엉뚱하게도 "유년의 해맑은 기억"을 선물하고 싶다고 한다. 첫사랑의 연인과 그리운 어머니를 선물한다? 먼저 간 친구들까지? 말이 안 되는 것이 아니다. 내 시집을 읽어보면서 독자 여러분이 바로 그런 사람들을 만나보라고 권유하고 있는 것이다. 시인인 내가 선물할 수 있는 것은 그런 물질이 아니라 인정과 온정, 체취와 체온이라고 시집의 앞머리에서 천명하고 있다. 스스로 '착한 시인'이 되어 말한다.

　　하늘에 별등을 달고
　　영혼에 별등을 다는
　　하나님의 창에도 환한 등을 다는

모든 마음에 별등을 다는 일이
천직인 착한 시인

오늘을 점등하러 골목을 나선다
사람마다 난삽한 영혼의 지도
어둠마다 맑은 별등을 달고

자전거를 몰아
집으로 돌아오는 신새벽
그대의 마음 창가에도
등이 반짝거리는지 올려다본다
　　　　　－「별등을 달다 - 점등인의 사명」 전반부

 이 시는 생텍쥐페리의 『어린 왕자』의 14번째 이야기를 모티브로 하고 있다. 그 별은 너무나 작아서 가로등과 가로등 켜는 사람밖에 없다. 어린 왕자가 그 별에 가서 점등인과 얘기를 나누고 싶어도 두 사람이 앉을 공간이 없는 너무 작은 별이어서 어린 왕자는 내심 애석해하면서 그 별에 들르는 것을 포기한다. '점등인의 사명'을 부제로 삼은 이 시에서 김신영은 시인이라면 모름지기 "하늘에 별등을 달고/영혼에 별등을 다는/하나님의 창에도 환한 등을 다는/모든 마음에 별등을 다는 일이/천직인 착한 시인"이 되어야 한다고 생각한다. 위안의 시, 치유의 시를 꿈꾸고 있기

때문일 것이다.

> 사람들 가슴에 한 빛, 별을 켜는 일
> 그 천직으로 고된 하루를 보내고
> 공원을 돌아 나오면
> 유엔 성냥으로 확 그어지는 불꽃
> 미욱한 가슴이 조금씩 환해진다
>
> 반짝이는 별을 간직한
> 라디오 진행자가
> 점등하는 모든 시인에게
> 감사 인사를 보내고
> 나도 그에게 목례를 한다
> 　　　　-「별등을 달다-점등인의 사명」 후반부

　시인으로서, 또한 시인이기에 "사람들 가슴에 한 빛, 별을 켜는 일/그 천직으로 고된 하루를" 보냈나 보다. 성냥팔이 소녀처럼 고단한 일과를 보내고 하는 일이란 것이 겨우 유엔성냥(이런 성냥을 알고 있다니! 시인의 나이가?)을 켜 불꽃을 잠시 보는 것이라고 한다. 그러면 "미욱한 가슴이 조금씩 환해진다"나. 현대인은 주로 차를 타고 가면서 라디오를 듣는데, 일상에 지친 운전자는 라디오 진행자의 목소리와 그가 들려주는 음악에 피로를 푼다. "반짝이는 별을 간직한/라디오 진행자가/점등하는 모든 시인에게/감사 인사"를 보내자 시인도 그에게 목례를 한다. 고맙습니다. 얼마나 좋은 우리말인가.

마술 상점에서 파는 것들로 또 어떤 것들이 있는지 가보기로 하자. 「마술 상점-진열대」를 보면 바코드가 새겨진 물건을 파는 것이 아니다. 마술 상점에서 파는 것은 성공·실패·불평·열등감·아름다움·추함·욕심·부지런함·어리석음·게으름 등이다. 이 가운데에서 해설자는 아름다움과 부지런함을 사고 싶다. 시인은 아름다움을 단순히 美로 보지 않고 "빛나는 아름다움"이라고 했다. 하지만 우리 대다수는 욕심·어리석음·게으름·추함·열등감을 산다. 사모은다.

    싱싱한 심장을 팝니다
    멈춰버린 심장 대신에
    펄펄 뛰는 새 심장을 사세요

    당신의 젊음을 팝니다
    늙어버린 시간을 던져 버리고
    젊었던 시절을 사가세요

    당신의 웃음도 팝니다
    잊었던 웃음이 여기 있습니다

겁내지 마세요
비싸지 않아요
하나도 남기지 않고
모두 돌려 드릴게요당신이 다하지 못한 사과를 받아주고
용서를 빌어야 할 사람,
용서를 해주어야 하는 사람까지
모두 마술 상점에서 애타게
당신을 기다리고 있답니다

인생이 다 되어 가신다구요?
급행을 타야 한다구요?
저런, 못다 한 일이 많은데 시간이 없군요

괜찮아요, 마술 상점에서는 불가능이 없어요
무엇이든 가능하지요
당신이 못다 한 말을 받아줄 사람까지
당신을 기다리고 있지요
망설이지 말고 마술 상점에 오세요
　　　　　－「전하지 못한 말-마술 상점 5」 후반부

 시인은 시를 통해 화해를 꿈꾼다. 사과하고, 용서하고, 양해를 구하고, 용서받고……. 이렇게 아름다운 세상을 꿈꾸지만 현실은 그렇지 않을 때가 많고 어떤 때는 반대로 간다. 정치인들을 보라. 그들이 화합이라는 것을 아는가. 협상의 공식을 아는가. 그리고 세상에는 억울한 사람들이 정말 많다. 가해자가 고개를 들고 다니고 피해자가 숨어서 우는 경우가 얼마나 많은가.

>울지 말아요
>명랑하게 웃던 유년이 여기 있어요
>마술 상점에 있어요
>화내던 당신의 정의가 살아 있지요
>눈물 흘리던 억울함이 그대로 여기에 있어요
>이리 오세요
>당신이 흘린 눈물 뒤에
>유리 같은 마음
>맞아서 부서지고 상처가 남은 얼굴
>가득히 흐르는 두려움이
>아직 여기 있어요
>이리 와서 만나 되갚아 주세요
>먼저 따귀를 올려붙이고 지옥 소리를 지르세요
>훈계도 하고 말을 듣지 않으면
>몽둥이를 들어도 좋아요
>잘못한 사람이 혼나야지요
>　　　　　-「이젠 울지 마세요-마술 상점 6」 전반부

시인이 할 수 있는 일은 고작 달래주는 것뿐이겠지만 그것을 내가 하겠다고 위와 같이 천명하고 있다. 시인이 주인인 이 마술 상점에는 명랑하게 웃던 유년이 있다고 한다. 화내던 당신의 정의가 살아 있다고 한다. 눈물 흘리던 '억울'과 흘린 눈물 뒤의 '유리 같은 마음'과 '가득히 흐르는 두려움'으로 많이 아프겠지만 "마술 상점에서는/속이 후련해지도록/되돌려 줄 수 있"다고 장담한다.

> 마술 상점에서는 못 하는 게 없답니다
> 세상이 모두 좋아지고 당신도 좋아지고
> 원하는 것을 모두 이루세요
> 그러면 세상은 얼마나 밝아질까요
> 당신이 갖고 싶은 것을 갖게 되었으니
> 이제 고운 세상이 되겠지요?
> ―「여기는 마술 상점입니다―마술 상점 7」제6연

연작시의 마지막 시에 이르러 시인은 힘차게 희망의 메시지를 설파한다. 마술 상점에 오면 안 좋은 것은 다 반품을 해준다고 하니 얼마나 다행스런 일인지. 그리고 "갖고 싶은 것을 갖게 되었으니/이제 고운 세상이" 될 거라는 믿음을 심어주니까 이 또한 여간 다행스런 일이 아니다. 우리 현대시는 지금 지나치게 어둡다. 서정성은 어디 가고 없고 딱딱한 산문형과 불필요한 난해함만이 모더니즘의

탈을 쓰고 밤거리를 쏘다니고 있는데, 김신영 시인의 시집 전반부는 이처럼 쉽고 밝고 따뜻하다.

> 쇠뜨기나 속새, 바랭이 풀떼기에도
> 구르는 결기 아린 꽃비를 작은 돌 가슴에 담는 것은
> 한없이 불어오는 바람 때문이다
> 사방에 널려 있는 뚫린 가슴 때문이다
> 진즉 다 말하지 못하고, 한 글자를 적지 못하고
> 이제야 꽃물 빌어 고백하는 까닭이다
> 진줏빛 맑은 구슬이 하늘에서 웅성거리다
> 새끼손톱만큼 시침 선을 그은 까닭이다
> ―「만첩 도화」 제4연

시의 제목을 한자로 쓰면 '萬疊 桃花'일 것이다. 우리들의 교과서가 바로 자연임을 말해주고 있는 시편이다. 자연이 지금처럼 파괴되어 간다면 인간은 22세기를 절대로 맞이할 수 없을 것이다. 지구 온난화, 탄소 배출량, 미세먼지, 오존층 파괴, 동식물 멸종, 식량 위기······. 바이러스만큼이나 인간을 위협하고 있는 것들이다.

인간들이 지금 끔찍한 질병을 겪고 있는데, 문명이 과연 해결을 해줄까? 백신을 널리 공급해 코로나19 바이러스를 물리친다고 하여 다른 바이러스가 영영 나타나지 않을까? 변종이나 신종이 나타날 확률이 0%에 가까울까? 100%일

것이다. 한때 우리는 4차 산업혁명 시대가 왔다느니, 인공지능 시대가 왔다느니 하면서 희희낙락했지만 2020년 한 해 동안 바이러스 때문에 수백만 명이 죽었다. 그런 의미에서 아래 시가 내포하고 있는 주제가 만만치 않다.

    서로의 사이가 너무 가까운 아침이면
    다 같이 세수하고 머리 감고 세탁기 돌리고
    옥상에 올라가면 빨래 하나로
    이웃집 평안을 자동으로 검수한다
    학교 가라 깨우는 예지 엄마 소리가 나까지 깨우는
    골목길 아침은 파장 떨이보다 부산하다
    저녁이면 찌개 끓이는 보글 합창
    불고기를 굽는 달그락 프라이팬
    나도 서둘러 불판을 달군다

    정겨운 이웃이 궁금하면 아침마다 열리는
    달그락에 꽉 막힌 도루묵 가슴을 대어 보라
    어느 것 하나 비밀이 없는 곳
    우편물 하나 주소를 잘못 찾아도 새로 이사 간 우리 집
    숟가락까지 세는지 제 주소 찾는 건 일도 아니다
                               -「달그락」 제2, 3연

아파트나 연립주택 같은 곳에서 살다 보면 이웃집에서

내는 소리를 듣게 된다. 층간 소음은 살인까지 유발한다. 하지만 시인은 이웃집에서 들려오는 소리와 본인이 내는 소리를 '달그락'으로 표현한다. "학교 가라 깨우는 예지 엄마 소리가 나까지 깨우고", "옥상에 올라가면 빨래 하나로/이웃집 평안을 자동으로 검수"한다. "정겨운 이웃이 궁금하면 아침마다 열리는/달그락에 꽉 막힌 도루묵 가슴을 대어 보라"고 한다. 인심도 참 후하다, "이웃에서 건너온 음식은 하나같이 맛있다"고 하니. 이런 식의 긍정적인 사고방식이나 희망적인 메시지는 사실상 우리 문학에서 찾아보기 어려운 항목이었다. 김신영은 "재두루미 머리에 깃을 치고 오르는 봄빛"을 보고 "개천에 이미 당도해 있는 봄을 목격"(「봄에게 미안하다」)하는 시인이다. "새로운 문장이 허파에 들어오면/빗방울 하나하나 바람 품고 일어나/영겁의 시간이 흐르고", "다른 밤을 건너는 낯빛에도/맑은 책이 그물을 깁는다"(「아직 이월」) 같은 표현도 절묘하다. 우리 현대시가 타인에 대한 혐오와 사람 사이의 갈등으로 점철되어 있지만 김신영 시인의 시를 읽으면 마음이 푸근해진다.

> 어떤 오곡밥을 먹었던가
> 어느 골목을 지나 그의 집에 이르렀던가
> 생각해보면 모두 집에서 나온 것들이다

인생이란
집에서 나와 다시 집으로 돌아가는 것

집으로 돌아가는 골목길에 접어들면
벌써부터 마음이 푸근해진다

집에 앉아보니 집만한 인생이 어디 있는가
모든 것을 품고도 넉넉한 세 칸
　　　　　-「집에서, 나가는 봄」 부분

　시인은 집이라는 공간에 대해 고마운 마음을 이렇게 표현하였다. 외출을 하건 출근을 하건 돌아갈 집이 있다는 것은 얼마나 고마운 일인가. 그 집에서 우리는 쉴 수 있다. 그곳에는 식구가 있다. 밥을 같이 먹고 함께 잠을 잔다. 집 밖에서 아무리 힘든 일을 겪고 상처를 받아도 집은 우리를 쉴 수 있게 하고 세파에 찢어진 상처를 치유하게끔 도와준다. 여타 시도 대체로 시인의 긍정적인 사고방식의 산물이다. 어른치고 나이를 한 살 더 먹는 것에 대해 좋게 말하는 이가 없는데 김신영 시인은 특이하게도 새해니까 새 일을 생각한다. "새해, 한 해를 사유의 숲을 거느리고/꽃향기에 취하고 그 향기를 퍼뜨리며/먼저 꽃길 만들고/만첩의 백목련을 헤일 수 있을까"(「새해, 환희역(歡喜驛)」) 하고 기대감에 가슴이 부푼다.

대체로 이런 긍정적인 시각으로 대상을 대하지만 분노할 때는 확실히 분노할 줄도 안다. 시집은 제3부의 마지막 시 「사과를 물고」에서부터 분위기를 일신한다.

별빛을 노래하는 네가 독을 품고
사람들을 향해 아름다운 노래를 부른다
순연한 얼굴 뒤에 맹독을 숨기고 노래를 부른다

(……)

사과를 물었다고 해서 용서할 수는 없다
사과는 최소의 요건, 그때부터 지난한
용서의 골고다가 시작될 수 있을 뿐이다
─「사과를 물고」 첫 연, 끝 연

이 시에 독이라는 시어가 3회, 독성이 1회, 독설이 1회, 맹독이 4회 나온다. 사과는 沙果가 아니고 謝過일 터이다. "사과를 물었다고 해서 용서할 수는 없다"고 하니, 화자의 마음이 크게 다쳤을 것이라고 짐작할 수 있다. 마술 상점에서 따뜻한 시간을 보내던 시인에게 어떤 시련이 있었던 것일까?

제4부의 시 「하루를 탁발하는 고행자」 「무지개는 오크를 세고」 「자국꽃」 「말더듬이」 「신념에 부는 연풍」 「쓸개를 꺼

내고」 같은 시는 더더욱 독자의 가슴을 서늘하게 한다. 그 어떤 세상의 파도에 부딪쳤기에 이렇게 살벌한 문장의 시를 쓰게 되었을까. 앞에서 죽 해설한 시편도 어찌 보면 아픈 마음을 다스리기 위해 쓴 것이 아닐까 하는 생각도 든다. 편한 마음으로 따뜻한 시를 읽다가 이들 시편의 샤프함과 터프함에 깜짝 놀란다. (인용하면서 논의하지 않는 것에 대해 독자 여러분이 이해해주시기를.) 이번 시집에서 시인이 종종 쓰는 시어인 파란은 'blue'가 아니라 '波瀾'일 것이다. 어떤 파란이 있었던 것일까?

> 지금은 우리를 위하여 다정한 저녁이 왔으니
> 이걸로 파란 많은 오늘을 마감하면 안 되나?
> 감사에, 거룩한 양식과 붉은 과일을 식탁에 올리고
> 하얀 이밥에 사랑을 얹어 먹으면 안 되나?
> 무슨 말씀을, 그 많은 빚을 안고
> 편하게 식탁에 앉아 이밥을 먹다니 가당찮아
>
> 그래도 위로받고 싶으니 사랑을 얹어 한입 가득 주신다면
> 이 만찬, 밥풀 한 알까지 맛있게 먹을 텐데
>
> 고단한 하루, 수고에 수고를 더했으니
> 어디 그대의 짐을 식탁에 풀어 봐
> ─「백골이 진토되어」 부분

이 시는 생의 환희가 아니라 일상의 고달픔을 다루고 있다. 하루하루 우리가 일용할 양식을 마련하는 일이 얼마나 힘든가를 얘기하고 있다. 편하게 식탁에 앉아 이밥을 먹는 것을 다행스러워하다가 "가당찮아"라고 말하며 자조하기도 한다.

시집은 안정의 시편에서 분노의 시편으로 넘어갔다가 이와 같이 열정의 시편으로 넘어간다. 현실과의 대결이 녹록지 않을 정도가 아니라 파란만장하다. 3편 시의 제1연만 모아서 읽어보자.

> 떨켜 없이 지나온 겨울
> 바람 잘 날 없습니다
> 상한 갈대가 되어 하루도
> 아프지 않은 날이 없습니다
> 줄기에서 뚝 떨어지지 못하고
> 긴 시간 매달려온 폐허
> 　　　　　　　　－「북풍 너머 꽃다지」 제1연

> 천년 동안 꽃이 피지 않는 방에서
> 햇살이 들지 못하는 지하방에서 긴 잠을 잤어
> 오래도록 그대의 살결에 백 번쯤 묻히는 꿈을 꾸었지
> 거미가 먼저 그물망을 쳐 놓고 가림판을 치고
> 날마다 거미줄이 경계를 그어대고

— 「모세, 지팡이 길」 제1연

　　가시 돋친 줄기 사이 햇살이 찾아 들고
　　어둠에 속한 내가 걸어 나온다
　　겁 없이 환해지는 문장, 입술에 차오는 영롱한 이슬
　　거침없이 땅에 굴러다니고
　　삶에서 만난 지독한 기술은 하나같이
　　칼날을 번득거리며 날아다닌다
　　　　　　　　　　　　　— 「지독한 기술」 제1연

　이런 시구를 보면 마술 상점에서 즐거운 나날을 보내던 지난날은 다 어디로 갔는지, 시의 내용이 아프고 슬프다. 하지만 시의 마지막 문장에 이르러 '그럼에도 불구하고' 삶을 긍정하고 미래에 대해 희망을 가져보자고 다짐하면서 끝난다. "보릿고개 너머 꽃다지가 있습니다", "맨발로 길을 걷고 있었는데 말이야", "저기 교회당 십자가 아래/한 사람이 눈에 들어온다"라고 끝맺음으로써 시인은 절망의 나락으로 굴러떨어지지 않는다. 시련이 있었지만 나름대로 잘 극복했고, 그래서 다시금 밝은 내일을 꿈꾸게 된 것임을 알 수 있다.

　　유난히 길었던 장마, 냉혹한 빗줄기를 견디어 낸
　　그대 빛나는 뭇별보다 더 빛나는 숭엄한

예후를 담고도 달콤하다
다정한 손자국 복사꽃을 닮았다
－「밀짚 수밀도(水蜜桃)」 끝 연

어머니 애간장에 녹아내린 아침이면
세숫비누 냄새를 풍기면서 옹달샘 물을 마시고
다시 아침을 열고 마당으로 간다
－「배롱에 깃들어」 끝 연

청춘을 탕진하고 기억은 마모되어
이름까지 잃어버린 필적
분란의 물로 지나온 세월
배에 띄워 보낸다
－「기침 바다」 끝 연

  제5부의 시는 대체로 힘겨운 삶의 문맥, 즉 비장미를 동반하면서 시작하지만 이와 같이 마지막 연에 이르면 실마리가 풀리고 구원의 시간을 맞이한다. 숭고미의 시간을 맞이하는 것이다. 인생살이의 법칙이 참으로 묘하다. '喜'가 있으면 '怒'가 있고, '哀'가 끝나면 '樂'이 온다. 시인은 이상의 공간인 마술 상점에서 기뻐하다가 현실세계로 돌아와서 분노하였다. 청춘을 공부하면서 보내느라 생의 즐거움을 몰랐기에 비애에 젖기도 했지만 이제는 시를 쓰면서 즐

거움을 느끼고 있다. 이것이 김신영 시인의 지나온 인생이었다. 시인이 솔직히 토로하지는 않고 있지만 힘든 나날이 분명히 있었을 것이다. 그 힘든 나날을 시로써 극복해 왔음을 이들 시편이 증명하고 있다.

이제 알 것도 같다. 마술 상점은 시 자체였다. 마술의 세계는 환상의 세계이면서 꿈이 이루어지는 세계다. 비현실을 현실답게 보여주는 세계다. 꿈이 있는 한 완전한 절망은 오지 않는다.

마술 상점에서 시인은 주인이면서 동시에 손님이었다. 인내하면서 관찰하였고, 안내하면서 지탱하였다. 아마도 김신영 시인에게는 마술 상점에서의 시 쓰기 자체가 치유의 시간이었을 것이다. 어느 날 시인은 마술 상점이라는 환상의 방에서 나와 기억의 방으로 가게 된다.

첫사랑은 호수 깊이 잠들어 있고
어느 바람 부는 날에 또 생각하겠지요
다시 격정의 날을 만날 수 있겠지요

사랑합니다
고맙습니다
미안합니다

이루지 못한 고백이 수북이 쌓여

> 지독한 장기투숙생이라고 속삭입니다
> 　　　　　　　－「기억의 방」 마지막 3연

　시인은 이 시를 쓰면서 말한다. 사랑한다고. 고맙다고. 미안하다고. 격정의 시간도 가니까 그저 사람들이 사랑스럽고 고맙고 미안할 따름이다. 물론, 용서가 안 되어 예수를 따라 골고다 언덕을 오르는 날도 있지만 말이다. 시인은 제4시집의 시편을 쓰면서 마술 상점 안에서 손님으로서 물건을 사기도 했지만 주로 주인으로서 독자들에게 따뜻한 시를 보여주었다. 그런데 제4시집을 펴냄으로써 자신이 만든 마술 상점과 기억의 방에서 나오게 되었다. 앞으로 또 어떤 곳으로 갈지 궁금히 여기는 것은 나 한 사람만은 아닐 것이다.

시인수첩 시인선 043
마술 상점

ⓒ 김신영, 2021

초판 1쇄 인쇄 2021년 3월 23일
초판 1쇄 발행 2021년 3월 30일

지은이 | 김신영
발행인 | 이인철

펴낸곳 | (주)여우난골
주　소 | 서울특별시 강남구 언주로30길 27, 606호 (도곡동 우성리빙텔)
전　화 | 02-572-9898
팩　스 | 0504-981-9898
등　록 | 2020년 11월 19일 제2020-000328호

블로그 | blog.naver.com/seenote
이메일 | seenote@naver.com

ISBN 979-11-973577-1-8 03810

* 파본은 구매처에서 바꾸어 드립니다.